AUTRE DISCOURS

PRONONCÉ

PAR M. CONSTANTINI,

A la Société des Amis de la Constitution de Paris,

Le 6 Octobre 1790.

Sur cette question : L'Impôt foncier doit-il être payé en nature ou en argent?

Et imprimé avec l'approbation de la Société.

Messieurs,

Mes réflexions sur les meilleurs ouvrages qui traitent de l'Imposition, & notamment sur ceux qui ont paru depuis l'ouverture des Etats-Généraux, m'ont déterminé à faire un travail sur le moyen le plus convenable de payer l'impôt foncier chez une Nation qui a su si promptement & si courageusement reconquérir la liberté. J'ai eu l'honneur d'en

A

foumettre un extrait à vos lumières; vous avez paru en goûter les principes : il me refte à vous les confirmer, non par une nouvelle théorie, mais par un exemple frappant puifé dans une expérience faite dans ma Patrie.

Vous vous rappelez, Meffieurs, que j'ai voulu établir que le paiement de l'impôt en argent en proportion des biens de chacun, eft le feul mode qui convienne à un peuple libre, & que celui de l'impôt en nature eft abufif & vexatoire.

J'établirai encore que le but de foulager le peuple, autant que cela eft compatible avec les befoins de la Nation, ne fera qu'imparfaitement atteint, fi l'on détermine un mode de perception en argent, proportionné au revenu brut ou net d'une propriété foncière, dont l'évaluation fe fera d'après l'induftrie ordinaire de l'agriculteur, & la défalcation de fes frais de culture.

Vous verrez, Meffieurs, d'après l'expofé que je vais avoir l'honneur de vous faire, que la Corfe a bien fenti ces deux derniers inconvéniens, d'après la règle qu'elle s'eft prefcrite pour affeoir l'impôt, en fixer la répartition, & en affurer l'exacte rentrée au Tréfor public.

Lors de l'union de la Corfe à la France, le Gouvernement prefcrivit le paiement de l'impôt en nature, & demanda aux Corfes le vingtième de tout le produit de leurs biens. Les Etats preffentant le danger qui réfulteroit pour le Pays de cette forme d'impofition dont le montant devoit paffer directement entre les mains du Fisc, en sollicitèrent l'évaluation en argent. Elle fut portée, autant que je puis me rappeler, à 120,000 l. Le Gouvernement en confia la perception à l'Administration provinciale, se réservant le droit d'infliger la peine de confiscation, & tous les autres pouvoirs propres à effectuer la rentrée au Trésor-royal de ladite somme de 120,000 l.

La Corse étoit alors divisée en dix Provinces, aujourd'hui neuf Districts; chaque Province en plusieurs Pièves, maintenant Cantons. Chaque Piève ou Canton s'obligea de payer en nature sa cote-part de contribution dans le rapport de son territoire & de son revenu. Enfin, chaque Canton mit à l'enchère sa cote-part pour trois ans. Des Fermiers ou Régisseurs se chargèrent de percevoir en nature cet impôt, & de payer comptant, par quartier & d'avance, au Trésorier de l'Administration.

Tel fut, Messieurs, l'ordre qui fut suivi dans la division de cette forme d'imposition. Voici maintenant quels en furent les inconvéniens, jusqu'au moment où quelques Provinces ou Districts, tels que Bonifacio, mon pays natal, y apportèrent le sage remède que j'aurai l'honneur de vous développer bientôt.

L'usage de battre les bleds n'est point pratiqué en Corse ni en Sardaigne. Aussi-tôt qu'ils sont coupés & mis en gerbe, des bœufs ou chevaux font sur le champ même les fonctions du *battage*.

Cette méthode donnoit à plusieurs Laboureurs la facilité de pouvoir transporter au même instant leurs bleds chez eux ; mais ils ne pouvoient profiter de cet avantage, parce qu'ils étoient obligés d'attendre la visite des Fermiers ou Régisseurs qui procédoient sur le lieu même, à l'enlèvement du vingtième de la récolte de chaque particulier.

Le temps que demandoit cette opération, forçoit le Laboureur d'attendre son tour deux ou trois jours, & quelquefois une semaine. Une excessive chaleur, des pluies, des ouragans survenoient dans cet intervalle ; le bled se détérioroit, se gâtoit, se pourrissoit, & une grande partie se perdoit.

Le Vigneron ne pouvoit pas non plus faire sa vendange, sans que le Fermier ou Régisseur fût présent pour voir transporter le raisin dans les cuves, & ensuite le vin dans les tonneaux, pour en percevoir le vingtième.

La vendange en Corse se fait entièrement dans le mois de Septembre ; d'où il résultoit que la surveillance du Régisseur ne pouvant avoir lieu dans tous les points à la fois, on éprouvoit les mêmes inconvéniens que pour le bled ; c'est-à-dire, que le le raisin ne se coupoit pas à sa juste maturité, & qu'il en pourrissoit une bonne partie.

Les jardiniers & cultivateurs d'oliviers voyoient pareillement leur fortune & leurs ressources soumises à cette tyrannique & désastreuse manière de percevoir l'impôt : indépendamment des pertes considérables qu'ils éprouvoient d'ailleurs, il voyoient encore leurs olives, exposées à la maligne influence des pluies ou des vents, perdre leur qualité naturelle ; & leur huile prenoit un goût terreux qui rendoit la confommation moins commune & le débouché plus difficile.

Voilà, Meffieurs, les inévitables effets de la perception de l'impôt en nature. Vous ne tenterez sûrement pas de faire la malheureufe expérience de la Corfe.

Je dois vous entretenir à préfent, Meffieurs, du moyen qui a été employé par mes Compatriotes pour procurer à leurs concitoyens une meilleure forme d'impofition, la feule qui me paroiffe devoir vraiment concourir aux vues falutaires qui nous animent tous.

Il faut fatisfaire à ce que le Gouvernement demande de nous, en débarraffant le Public des entraves qui l'accablent : voilà ce que s'eft dit la Ville de Bonifacio ; & voici ce qu'elle a fait.

Cette Cité frontière formant elle feule, par les les avantages commerciaux que lui donne le Port dont elle jouit, une Piève ou Canton, a créé une efpèce de cadaftre divifé en plufieurs colonnes dans l'ordre qui fuit :

La première regarde les terreins deftinés à la culture, leur qualité & la quantité de femences en bled qu'ils comportent.

La deuxième, ceux réfervés en prairie. Leur produit y eft évalué d'après la quantité de femences en bled dont ils font fufceptibles :

La troifième, les vignes. Leur qualité y eft fpécifiée, & leur produit y eft évalué par journée.

La quatrième, les oliviers. Leur valeur eft eftimée

d'après la quantité des grands, moyens & petits oliviers que contient le champ destiné à cette production.

La cinquième, les jardins à légumes & à arbres fruitiers. L'espèce, le nombre de chaque production & leur rapport y sont expliqués, &c., &c.

Ce tableau fait, tous les propriétaires de la Commune furent invités à se rendre à la Maison-de-Ville, pour y faire purement & simplement la déclaration de leurs biens & de la situation de ces biens. Après cette formalité, les Officiers Municipaux & Notables de la Commune nommèrent des Experts qui se transportèrent sur les lieux pour vérifier la déclaration de chaque propriétaire, ayant préalablement fait le serment à la Municipalité de procéder à l'estimation des biens-fonds de ladite Communauté, d'après le témoignage de leur conscience.

Ils ne prirent point pour base de leur travail le revenu net ou brut des biens des particuliers, mais bien leur valeur totale, comme s'il se fût agi de les vendre argent comptant.

C'est d'après cette donnée, qu'ils ont formé une règle de proportion, par laquelle chaque propriétaire a été taxé en raison de la valeur de ses biens, & non en celle de son revenu net ou brut.

Voici, Messieurs, comment les Experts procédèrent à cette estimation.

Transportés dans les propriétés de *Pierre*, par exemple, ils commencèrent par détailler toutes les espèces de productions qu'elles contenoient, & leur valeur locale ; enfuite faifant une *addition* du tout, ils le portèrent à la fomme de.....

Ils fuivirent la même méthode pour les propriétés de *Paul*, *Jean*, &c.

L'eftimation de tout le Diftrict ainfi faite par Cantons & Paroiffes, on établit alors, par une règle de proportion, la part de ce que chaque propriétaire devoit payer.

Ainfi, en fuppofant que la totalité des biens du Diftrict foit eftimée 2,400,000 livres, & que le Diftrict doive payer pour fa fubvention 10,000 liv., il arrivera que chaque propriétaire paiera un denier pour livre de l'eftimation de fes biens. Dans cette hypothèfe, fi *Pierre* pofsède pour 20,000 liv. de biens-fonds, il paiera par conféquent, pour fa cote-part du vingtième, la fomme de 83 liv. 6 f. 8 d.

Cette manière de régler & répartir l'impôt, procure dans la Province de Bonifacio, la plus grande fécurité fur les fortunes. On n'y craint point l'arbitraire, parce que chacun eft impofé également, de quelque qualité & condition qu'il foit ; que les cadaftres ne peuvent être renouvelés que tous les dix ans (1), & qu'on a l'avantage de pouvoir vérifier quand on le juge à propos, fi on a été traité d'une manière égale, jufte & uniforme, puifque le

______

(1) On s'eft réfervé la faculté de vérifier les Biens tous les dix ans, afin que ceux qui auront été améliorés ou dégradés, puiffent être réimpofés dans la proportion de leur accroiffement ou de leur dépériffement.

rôle d'imposition eft toujours fur la table de la Maifon-de-Ville.

Par ce moyen fimple, la Province, en payant toujours la même fomme d'impofition, s'eft affranchie pour jamais du monopole des Fermiers ou Régiffeurs qui, dans les temps de difette, faifoient hauffer le bled à leur volonté, & réduifoient le pays à la famine. Quel malheur ne feroit-ce pas pour la France, fi l'Affemblée Nationale adoptoit un régime auffi défaftreux que celui de la perception de l'impôt en nature ? L'exiftence de fes habitans feroit bientôt à la merci de ces ames fordides qui fe complaifent à bâtir leur fortune fur les malheurs publics.

J'ai encore à démontrer, Meffieurs, que le mode de perception en argent, proportionné au revenu net ou brut, n'entre point dans le plan d'un fyftême de contribution propre à un Peuple libre.

Dans un Gouvernement fage & bien ordonné, la maffe de l'impôt eft calculée d'après fes befoins, & non d'après les revenus nets ou bruts des particuliers. Dans le premier cas, on y voit cette juftice, cette intégrité qui doivent caractérifer un Peuple de frères ; dans le fecond, on ne peut s'empêcher d'y remarquer ces réticences fifcales qui cherchent à ménager des moyens de vexations. D'ailleurs, quelle ligne de démarcation l'efprit apperçoit-il dans ce genre de perception ? L'induftrie & la circulation ne peuvent exifter qu'avec la plus entière fécurité ; le moindre doute les fait languir : c'eft une vérité que nous confirme une expérience conftante. Ainfi , en adoptant cette méthode , on s'expoferoit donc à mettre des entraves à la profpérité nationale.

De quelque manière que j'envifage les divers modes qu'on a propofés pour affeoir la perception de l'impôt foncier, je n'en vois aucun qui me fatisfaffe autant que celui adopté dans ma Patrie. On me dira peut-être qu'une forte de prédilection pour ce qui vient de mon pays, m'empêche de découvrir les inconvéniens de ce mode ; mais au moins on ne verra pas dans mes efforts pour le faire réuffir, les intentions d'un mauvais Citoyen ; l'amour du bien public me dirige uniquement : puiffe mon zèle vous en convaincre !

La France, Meffieurs , eft divifée aujourd'hui en quatre - vingt - trois Départemens , chaque Département en plufieurs Diftricts, chaque Diftrict en plufieurs Cantons, chaque Canton en plufieurs Paroiffes ou Sections. D'après une telle divifion , il n'y a rien de fi aifé que de fe procurer en peu de temps un cadaftre général de tout le territoire de la France , dans le plus bel ordre qu'on puiffe defirer. Cette opération fe commençant par les Sections ou Cantons, les Diftricts & les Départemens n'auront plus qu'à l'examiner & la vérifier, & l'Affemblée Nationale fe trouvera à portée, d'après tant de lumières réunies, d'affeoir avec égalité & juftice l'impôt foncier, d'en déterminer la répartition avec cette exactitude, cet ordre & cet amour du bien public qui diftinguent toutes fes actions.

Suppofons maintenant que le cadaftre du territoire de France, exécuté de la manière que nous venons de le tracer, nous ait donné un réfultat conforme au calcul de l'honorable membre, M. Delley d'Agier, qui porte le revenu net de la France à un milliard foixante-quatorze millions : nous aurons alors une richeffe territoriale d'environ trente milliards ; &, fi les befoins de la Nation exigeoient qu'elle fût impofée à trois cents millions, nous trouverions par une règle de proportion que chaque propriétaire devroit payer deux deniers & deux cinquièmes de deniers pour livre de ce qu'il poffède en biens-fonds ; ce qui revient à-peu-près au cinquième du revenu que l'Affemblée Nationale paroît vouloir prendre pour bafe de l'impôt foncier.

La contribution de chaque particulier auroit par ce moyen une bafe fixe, dont on ne fe départiroit que dans des circonftances impérieufes & qui n'altéreroient en rien la confiance, l'induftrie & la circulation. On ne craindroit jamais l'arbitraire ni les vexations, parce que les fecours que les particuliers accordent à la chofe publique, font fubordonnés à la connoiffance qu'ils ont de fes befoins. Alors, la tranquillité & la fécurité que l'on a fur fa fortune redonnent l'effor à tous les moyens de l'agrandir ; l'induftrie & le commerce fe reffentent de ce mouvement, & la profpérité nationale parvient au plus haut point d'accroiffement.

Voilà, Meffieurs, les perfpectives confolantes que

j'entrevois dans le développement du Plan que je
foumets à vos lumières. Puiffe-t-il en faire naître un
meilleur ! & je me trouverai bien récompenfé de
mon dévouement à la chofe publique.

CONSTANTINI,

*Député extraordinaire de la Commune de la Ville
de Bonifacio, en Corfe.*

A Paris, Chez Baudouin, Imprimeur de l'Assem-
blée Nationale, rue du Foin St.-Jacques N°. 31.

www.ingramcontent.com/pod-product-compliance
Lightning Source LLC
LaVergne TN
LVHW050234060726
842525LV00007B/2656